PIANO · VOCAL · GUITAR

P!NK: HURTS 2B HUMAN

T0061492

ISBN: 978-1-5400-5658-0

Visit Hal Leonard Online at
www.halleonard.com

Contact us:
Hal Leonard
7777 West Bluemound Road
Milwaukee, WI 53213
Email: info@halleonard.com

In Europe, contact:
Hal Leonard Europe Limited
42 Wigmore Street
Marylebone, London, W1U 2RN
Email: info@halleonardeurope.com

In Australia, contact:
Hal Leonard Australia Pty. Ltd.
4 Lentara Court
Cheltenham, Victoria, 3192 Australia
Email: info@halleonard.com.au

HUSTLE

Words and Music by ALECIA MOORE,
DAN REYNOLDS and JORGEN ODEGARD

took my love, ___ mis- took it for weak- ness. I guar- an- tee ___ I
spend my days ___ try- na do you ___ right. ___ But you been blind, ___ you can't

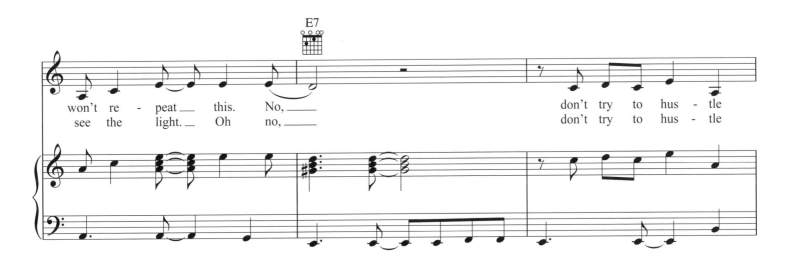

won't re- peat ___ this. No, ___ don't try to hus- tle
see the light. ___ Oh no, ___ don't try to hus- tle

me, (try to hus- tle me). 'Cause I I live my life like a
me.

bul- let in a gun. Give you all my love 'til my pa- tience is done. Oh no, ___

(Woot, woot.) Don't hus-tle me. _____ (Woot, woot.)

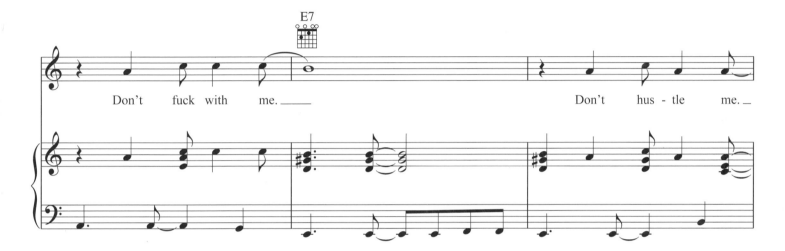

Don't fuck with me. _____ Don't hus-tle me. _

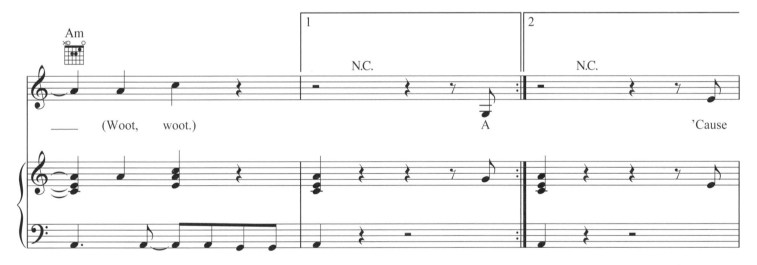

_____ (Woot, woot.)

N.C.

A

N.C.

'Cause

it won't do _____ no good _____ at all _____ to say _____ you're sor - ry now. _____

Your words, they are fall - in' on ___ deaf ears. ___

And it won't do ___ no good ___

___ at all ___ to try ___ to work ___ it out. ___

How can you ___ re - place ___ all ___ these years? ___

'Cause now you've gone ___ and thrown ___ a - way ___ the ver -

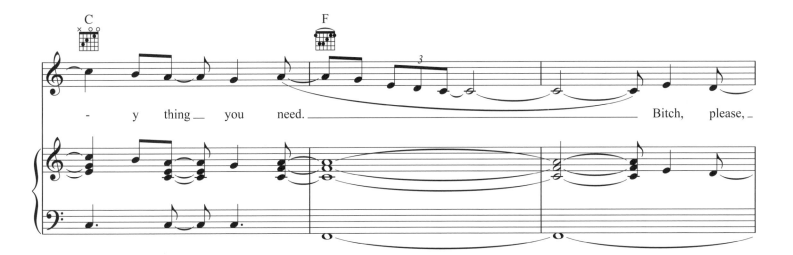

- y thing ___ you need. _____ Bitch, please, ___

don't try to hus - tle me. Don't hus - tle me. ___

___ (Woot, woot.) Don't hus - tle me. ___ (Woot, woot.) Don't fuck with me. ___

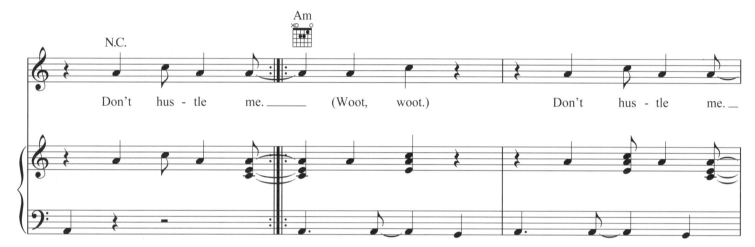

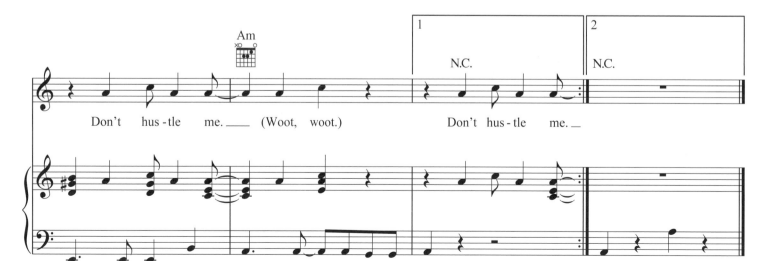

(Hey Why)
MISS YOU SOMETIME

Words and Music by ALECIA MOORE,
MAX MARTIN and SHELLBACK

Moderate Funk

Big time like,

oh, I need your love.___ Like, oh, I need your love.___ Ba-by boy, I'm
oh, I need your love.___ Like, oh, I need your love.___ Ba-by boy, I'd

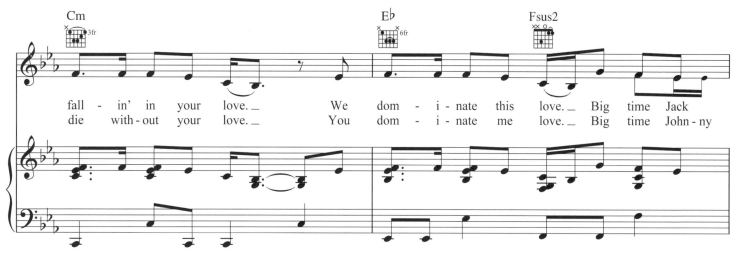

fall - in' in your love. __ We dom - i - nate this love. __ Big time Jack
die with - out your love. __ You dom - i - nate me love. __ Big time John - ny

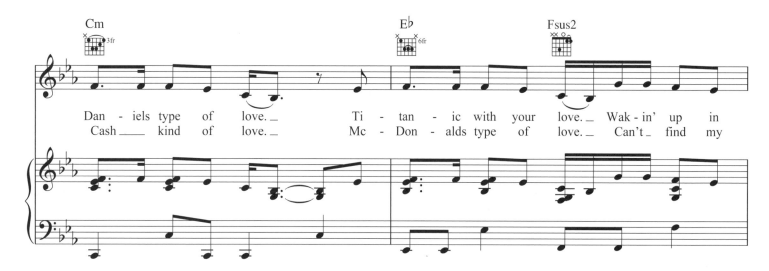

Dan - iels type of love. __ Ti - tan - ic with your love. __ Wak - in' up in
Cash __ kind of love. __ Mc - Don - alds type of love. __ Can't __ find my

Flor - 'da kind of love. __ } We dom - i - nate this love __ big time like.
clothes __ kind of love. __ }

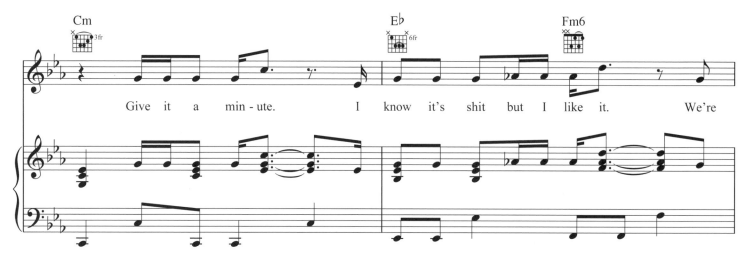

Give it a min - ute. I know it's shit but I like it. We're

high, we're way a-bove it.___ I need you out my head now.___

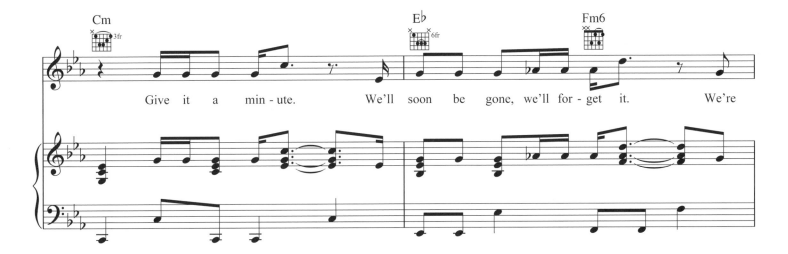

Give it a min-ute. We'll soon be gone, we'll for-get it. We're

high, so high a-bove it.___ I need you out my life now.___

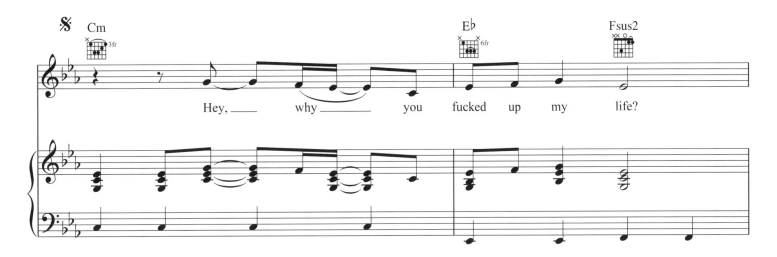

Hey,___ why___ you fucked up my life?

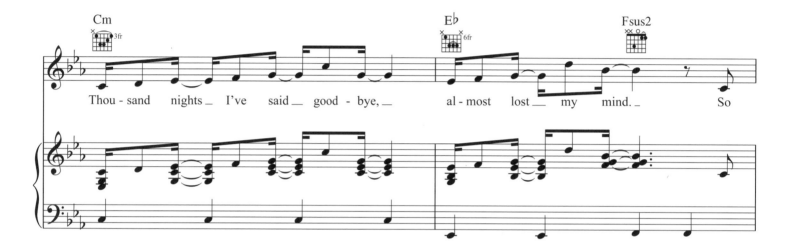

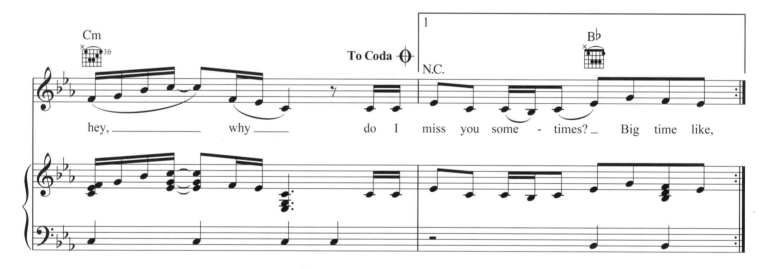

shame ___ ev-'ry-thing that I want, you ain't real-ly with it. Oh ___ damn, ___ it's a

shame ___ it's a game that we play when we say we're in it. Oh ___ damn, ___ it's a

pain ___ when you say that my heart ain't in it. Oh damn,

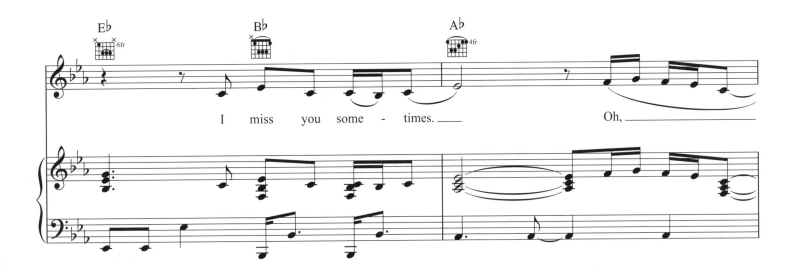

I miss you some - times. ___ Oh, ___

we're high, we're way a-bove it. I need you out my head now. ____

Give it a min - ute. We'll soon be gone, we'll for - get it. We're

high, so high a - bove it. ____ I need you out my life now. ____

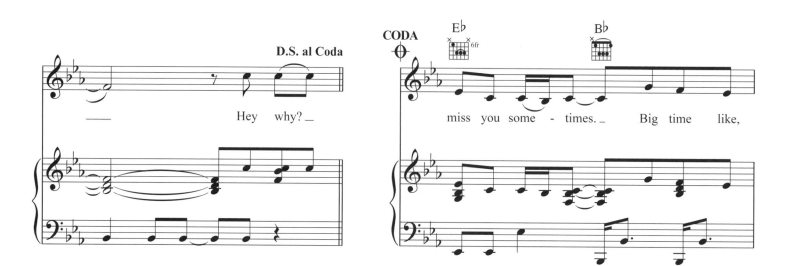

D.S. al Coda ____ Hey why? _

CODA miss you some - times. _ Big time like,

oh, I need your love. __ Like, oh, I need your love. __ Ba - by boy, I'm

fall - in' in your love. __ Do I miss you some - times? __ Big time Jack

Dan - iels type of love. __ Ti - tan - ic with your love. __ Wak - in' up in

Flor - 'da kind of love. __ Do I miss you some - times? __ Big time like.

WALK ME HOME

Words and Music by ALECIA MOORE,
SCOTT HARRIS and NATE RUESS

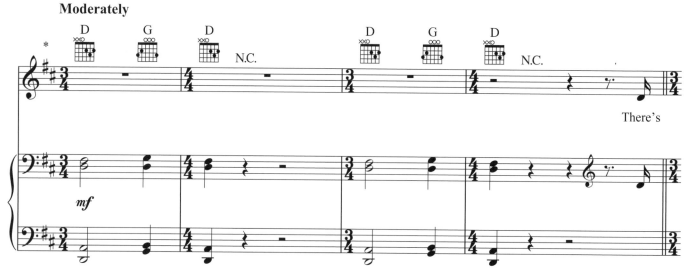

There's

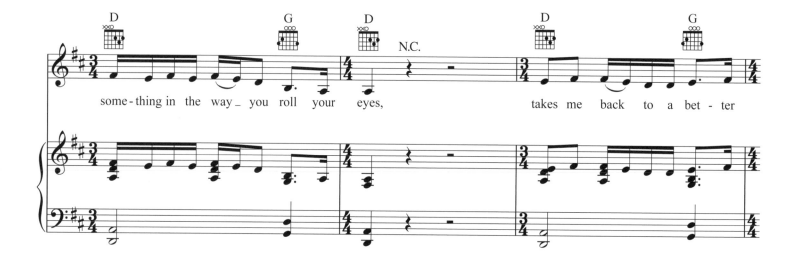

some-thing in the way you roll your eyes, takes me back to a bet-ter

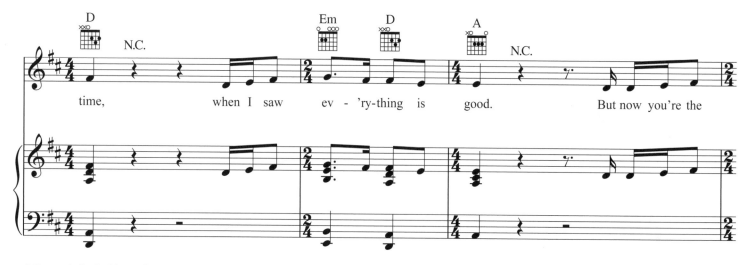

time, when I saw ev-'ry-thing is good. But now you're the

* Recorded a half step lower.

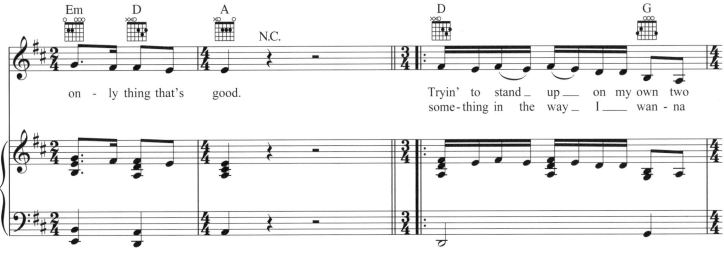

on - ly thing that's good.

Tryin' to stand _ up _ on my own two
some-thing in the way _ I _ wan - na

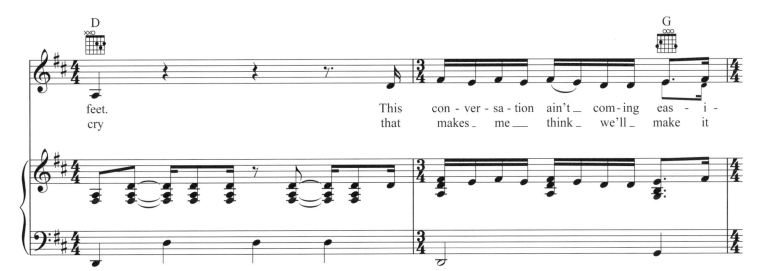

feet.
cry

This con - ver - sa - tion ain't _ com - ing eas - i -
that makes _ me _ think _ we'll _ make it

ly.
out a - live.

And, dar - ling, I know it's get - ting
So, come on and show me how we're

late,
good.

so what do you say we leave this
I think that we could do some

place? _ }
good. _ }
Walk me home _ in the dead of

night.
I can't be _ a - lone with all that's

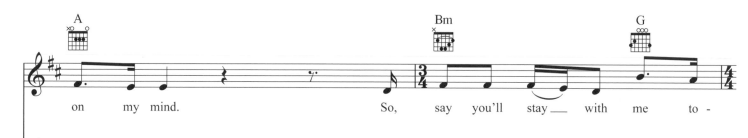

on my mind.
So, say you'll stay _ with me to -

To Coda

night.
'Cause there is so much wrong go - ing on _ out -

side.

There's

side.
Ooh.

Ooh.

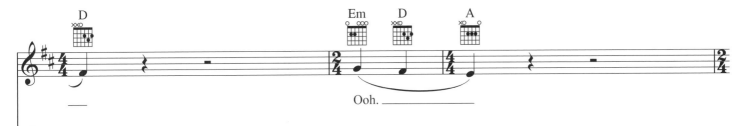

Ooh.

Ooh.

Walk me home in the dead of

night. 'Cause I can't be a- lone with all that's on my mind.

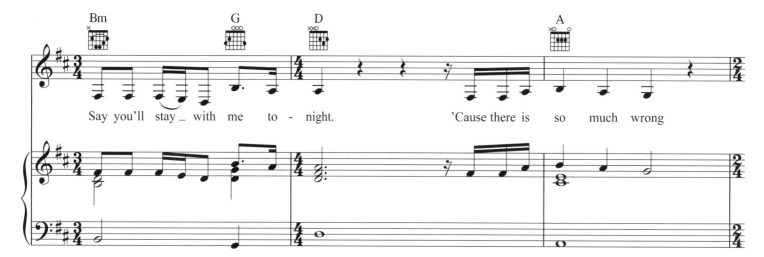

Say you'll stay with me to- night. 'Cause there is so much wrong

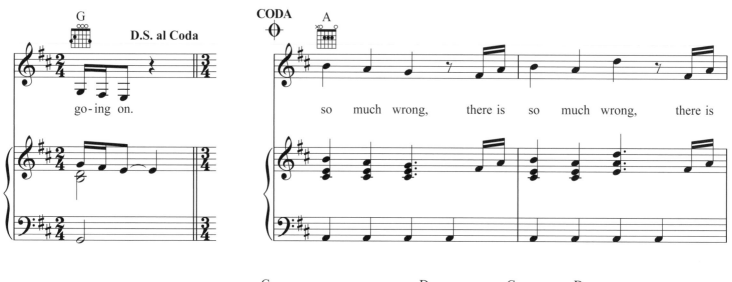

D.S. al Coda

go- ing on. | **CODA** | so much wrong, there is so much wrong, there is

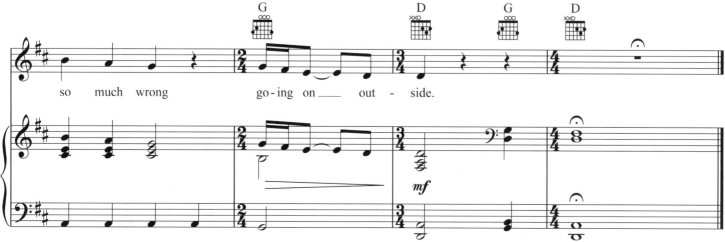

so much wrong go- ing on out- side.

90 DAYS

Words and Music by ALECIA MOORE,
STEVE ROBSON and STEPHEN WRABEL

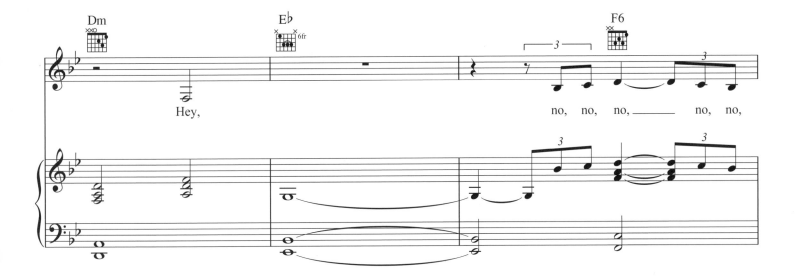

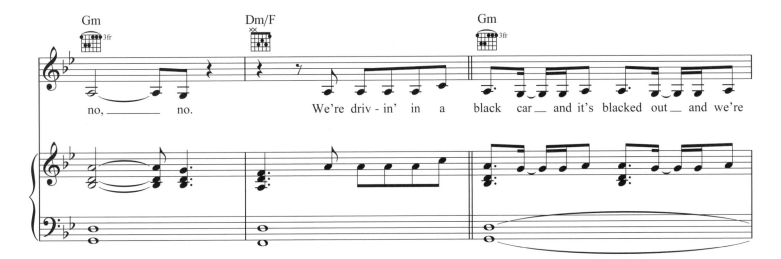

spin - nin'. We're lis - ten - in' to "Fast Car," __ and you're driv - in' fast __ and you're sing - in'. Don't wan - na

tell you what __ I'm feel - in'. Don't want this night to hit __ a ceil -

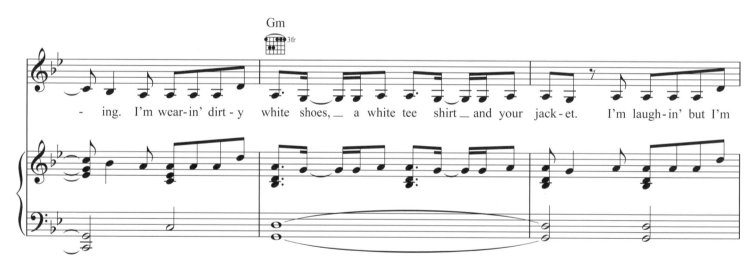

- ing. I'm wear - in' dirt - y white shoes, __ a white tee shirt __ and your jack - et. I'm laugh - in' but I'm

ly - in'. __ When you're smil - in', __ I'm the sad - dest. I hide my face so you __ don't see __

it. I think out loud, hope you __ don't hear __ it. It's go-in' on eight-een

months now __ and it's fucked up __ but I'm fall-ing. I feel it ev-'ry day now __ but I'm stall-in', __ but I'm

stall in'. I'm here but I'm in piec - es __ and I don't know __ how to fix this __ and I don't know __ how to

fix this, __ no. __ If I'm just some-bod-y that you're

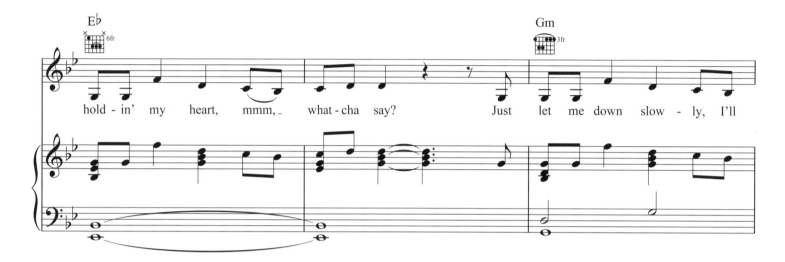

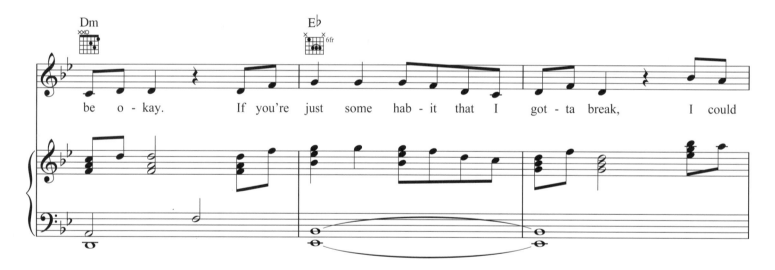

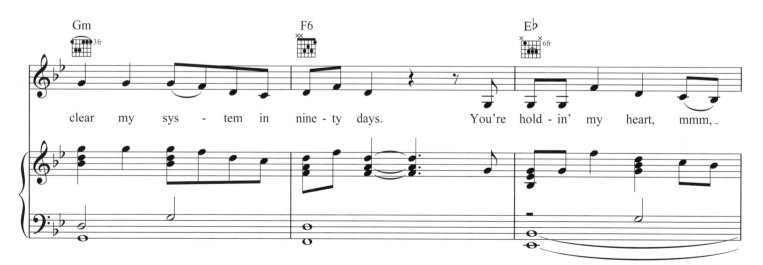

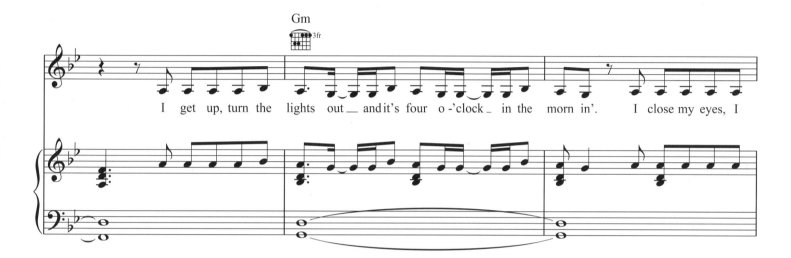

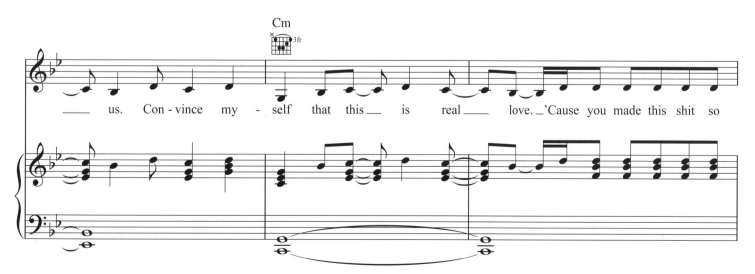

eas-y ___ and I told you ___ my se-crets. So I don't know why I'm tongue-tied ___ at the wrong time ___ when I

need this. I'm here but I'm in piec-es ___ and I don't know ___ how to fix this ___ and I don't know ___ how to

fix this, ___ no. ___ If I'm just some-bod-y that you're gon-na leave and you

don't feel some-thin' when you look at me. You're hold-in' my heart, mmm, ___

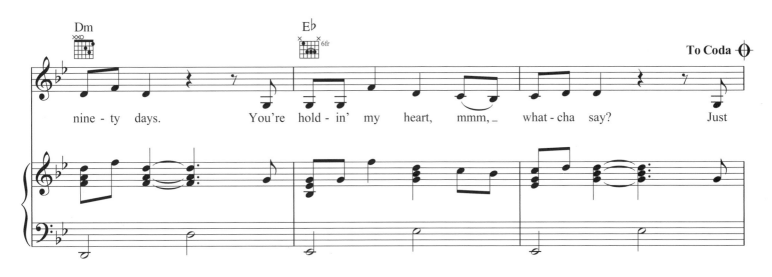

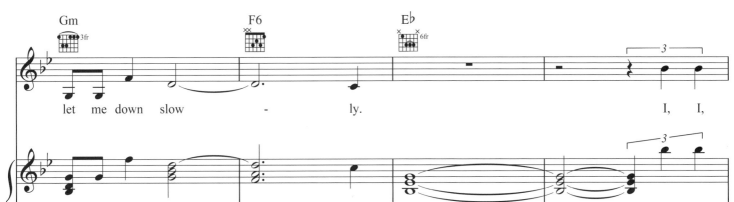

I, I, I, I, I, I, I, _____ ooh. _____

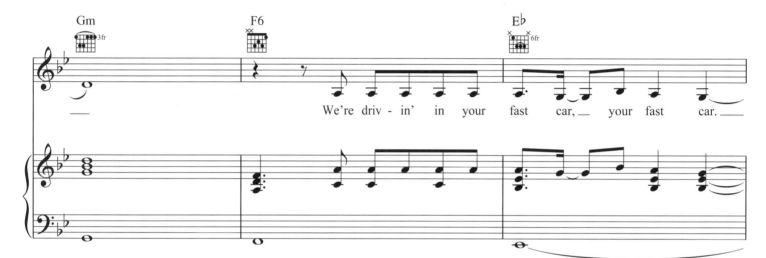

_____ We're driv-in' in your fast car, _____ your fast car. _____

_____ We're driv-in' in your fast car, _____ your fast car. We're driv-in' in your

fast car, _____ your fast car. We're driv-in' _____ all _____ night. _____

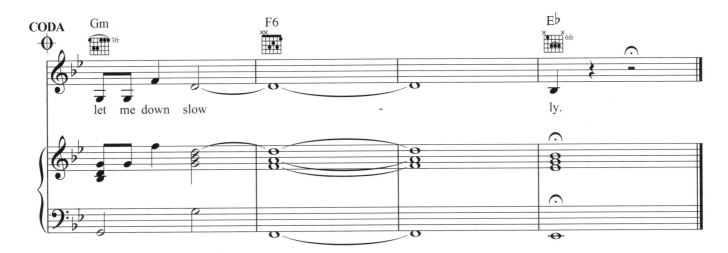

MY ATTIC

Words and Music by ILSEY JUBER,
JULIA MICHAELS and FREDDY WEXLER

With a steady beat

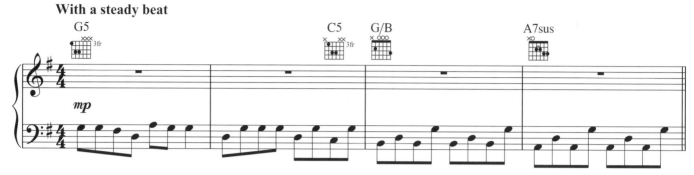

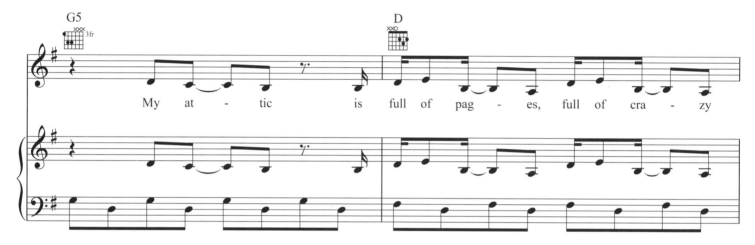

My at-tic is full of pag-es, full of cra-zy

clut-tered spac-es that you could not cross. My at-tic is

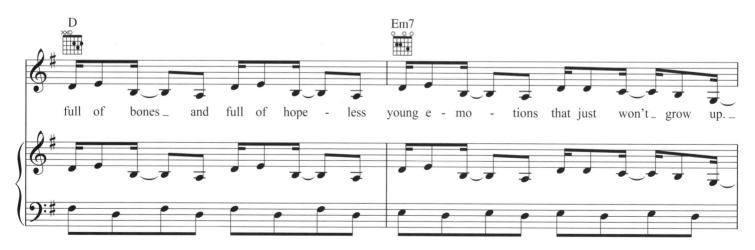

full of bones and full of hope-less young e-mo-tions that just won't grow up.

I keep hid-ing the keys ___ in all ___ these

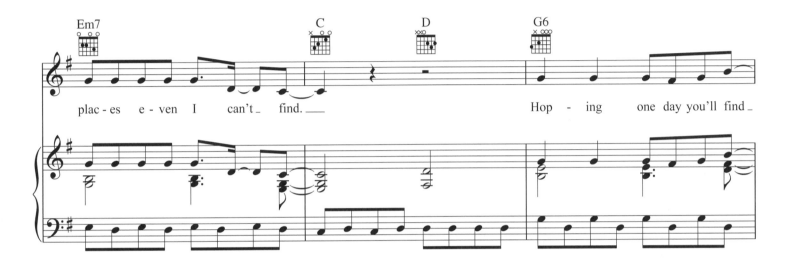

plac-es e-ven I can't ___ find. ___ Hop-ing one day you'll find ___

___ them all ___ and I will let you see in-side ___ my at-tic.

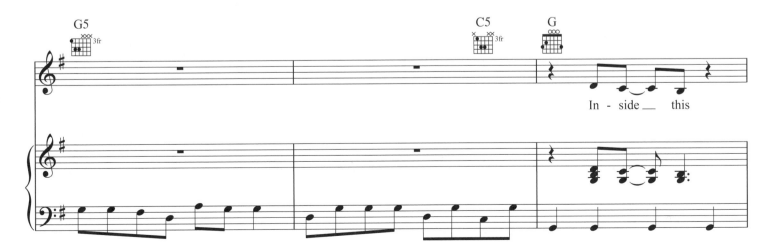

In-side ___ this

ol - ive skin __ are pa - per thin __ il - lu - sions that __ I'm tough - er than __ I am. __

__ And I'm guard - ed, cas - tle walls __ from all the falls __ and

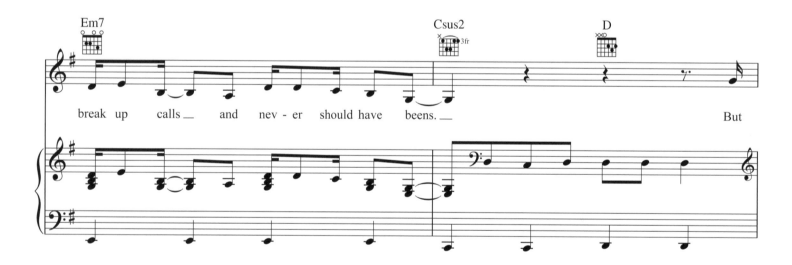

break up calls __ and nev - er should have beens. __ But

don't go push - ing too hard, __ I'm not __ so eas - y to man - i - pu - late. __
I keep hid - ing the key __ in all __ these plac - es e - ven I can't find. __

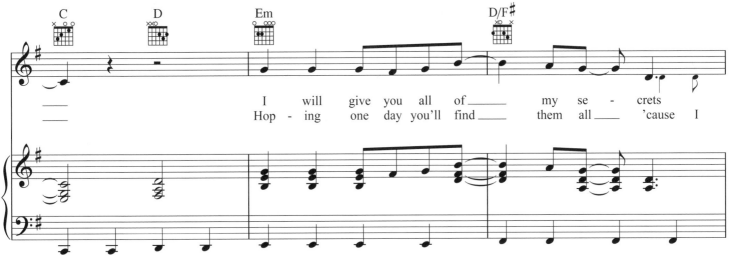

I will give you all of _____ my se - crets
Hop - ing one day you'll find _____ them all _____ 'cause I

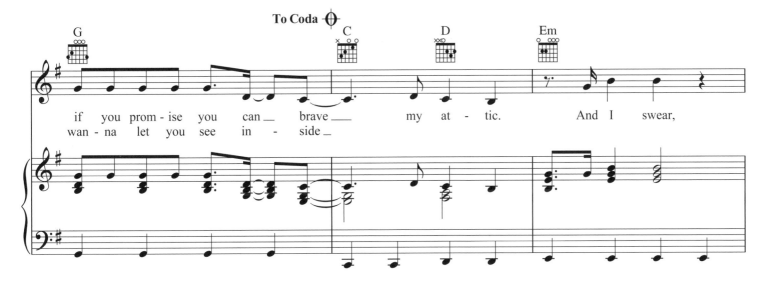

if you prom - ise you can _ brave _____ my at - tic. And I swear,
wan - na let you see in - side _

not try'n' to be vin - dic - tive. I'm just ter - ri - fied _____ that you might see me dif - f'rent.

You'll _ change your mind, _____ tell me that I'm craz - y, tell me that I'm o - kay,

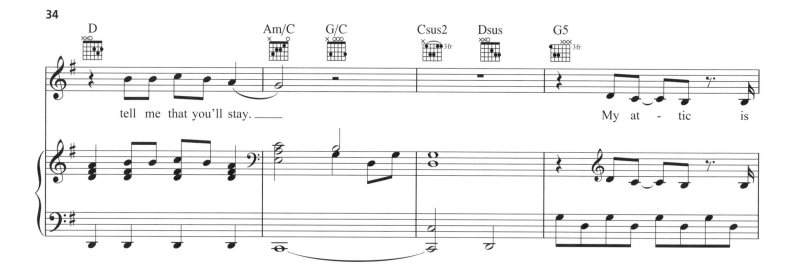

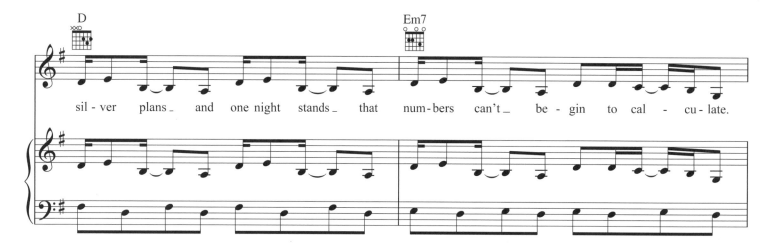

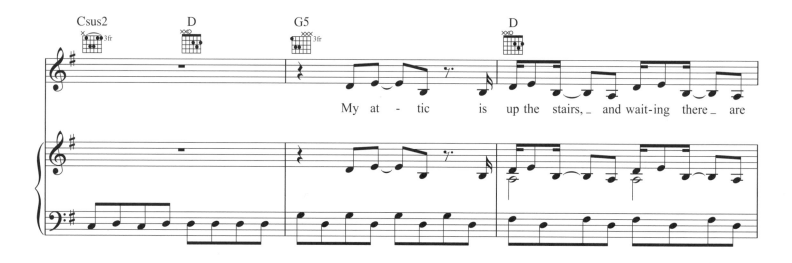

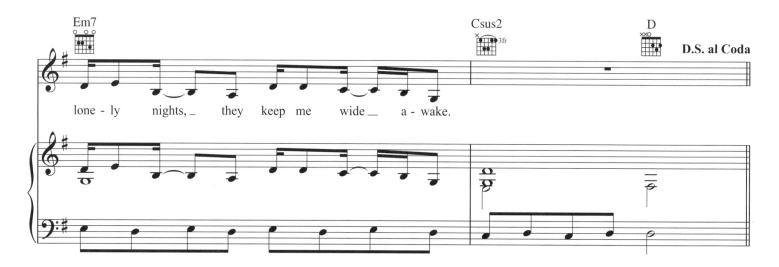

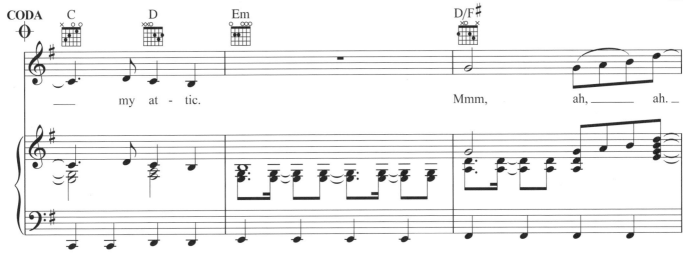

HURTS 2B HUMAN

Words and Music by ALECIA MOORE,
KHALID ROBINSON, TEDDY GEIGER,
SCOTT HARRIS, ANNA-CATHERINE HARTLEY
and ALEXANDER IZQUIERDO

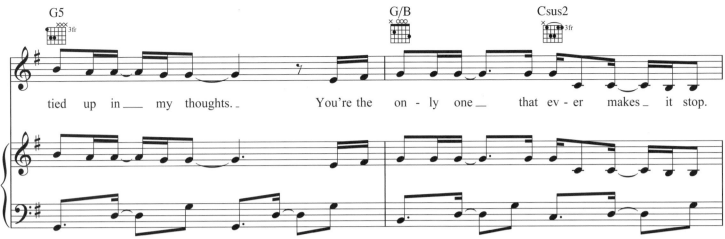

tied up in ___ my thoughts. ___ You're the on - ly one ___ that ev - er makes ___ it stop.

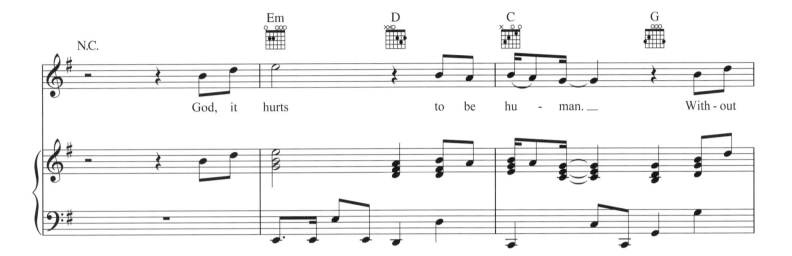

God, it hurts to be hu - man. ___ With - out

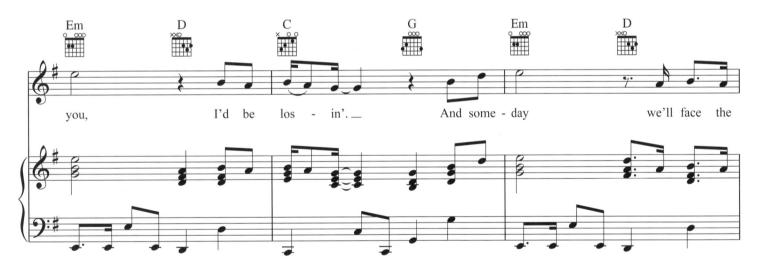

you, I'd be los - in'. ___ And some - day we'll face the

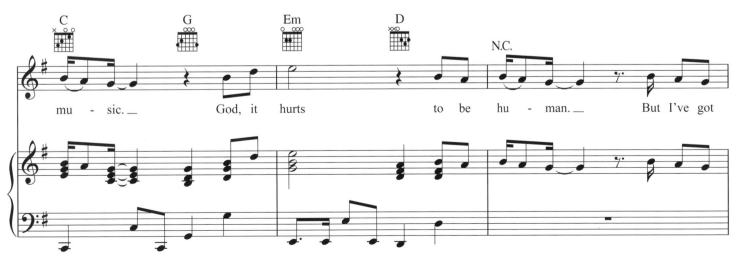

mu - sic. ___ God, it hurts to be hu - man. ___ But I've got

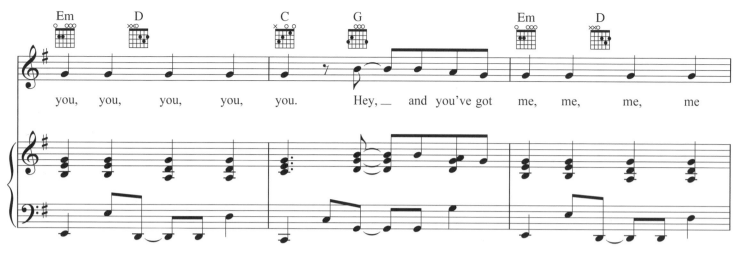

you, you, you, you, you. Hey, __ and you've got me, me, me, me

too. Like we're buck-led in __ pre-par - in' for __ the crash. __

glass. Like we're walk-in' down __ a road __ of brok - en

glass. Now, if we de-feat __ all odds __ and it __ was us __

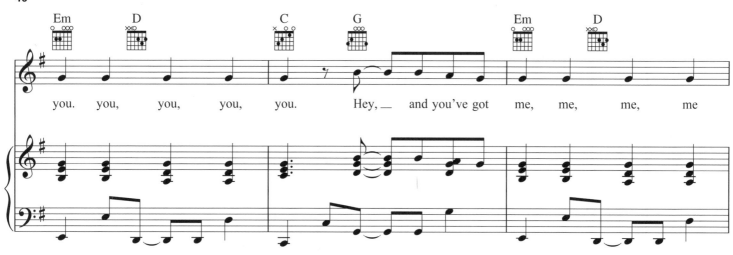

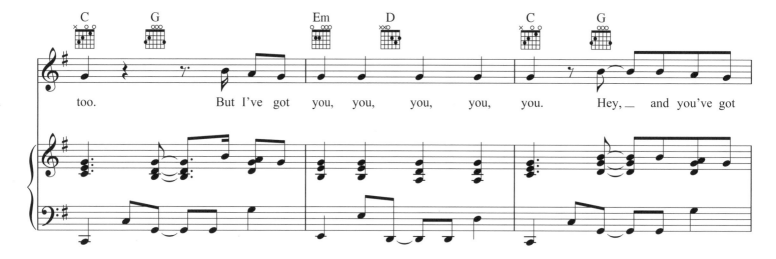

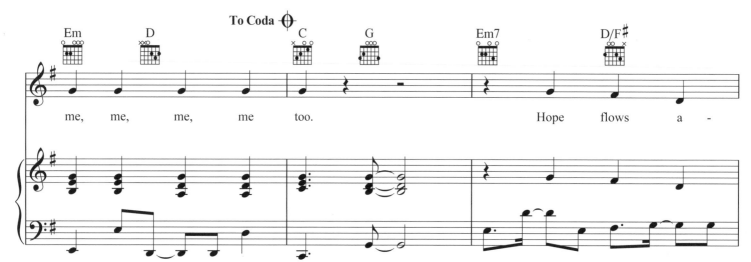

change ___ if you knew what I've gone ___ through. ___ We want ___ the same, ___

___ yeah, we do. ___ May-be then ___ you'd un-der-stand ___ how it

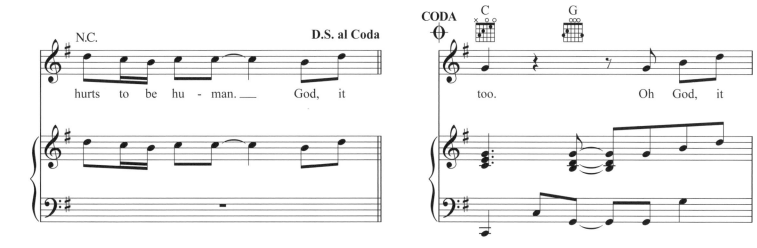

hurts to be hu-man. ___ God, it   too.   Oh God, it

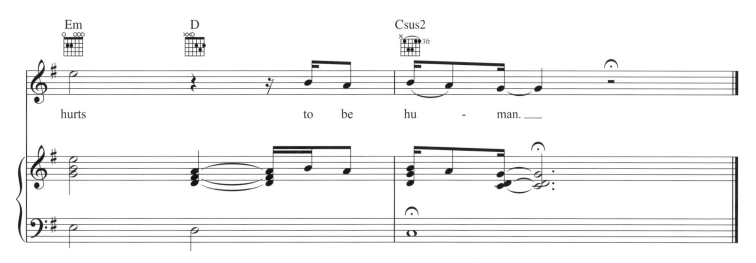

hurts   to be hu-man. ___

CAN WE PRETEND

Words and Music by ALECIA MOORE,
JEAN PAUL MAKHLOUF, ALEX MAKHLOUF,
SAMUEL FRISCH and RYAN TEDDER

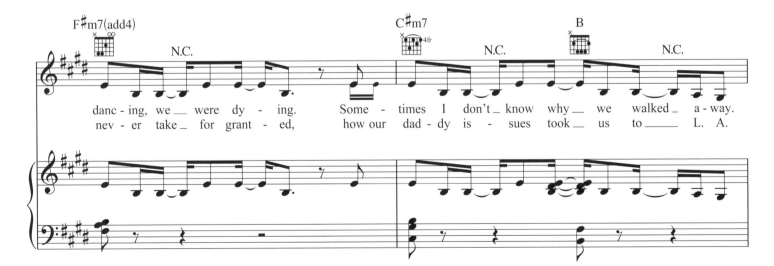

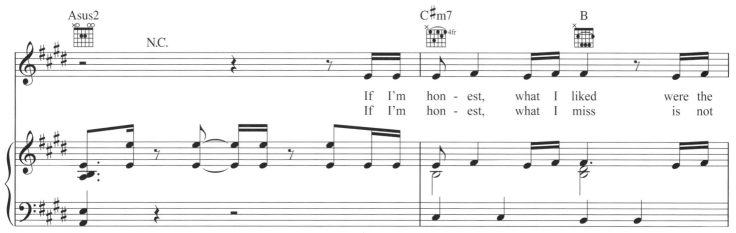

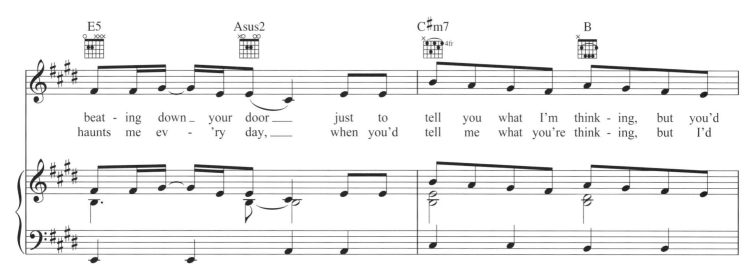

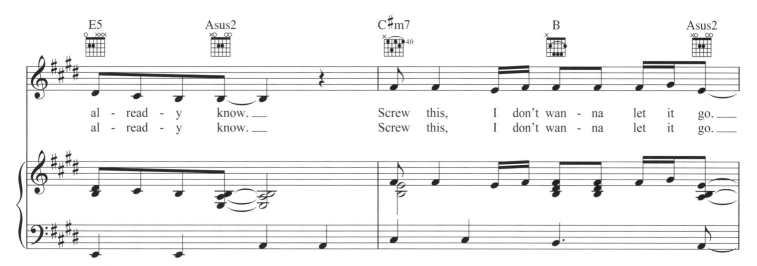

that I real - ly like___ your shoes?___ Hell yeah.
that we like these fake - ass dudes?___ Oh yeah. } Can we pre - tend?___
that you like my fake - ass shoes?___ Oh yeah.

'Cause hon - est - ly,___ re - al - i - ty,___ it bores___ me. Let's pre - tend,___

oh,___ let's make be - lieve.___ Can we? Can we pre - tend?___

Can we pre-tend? ___

I re-   If I'm

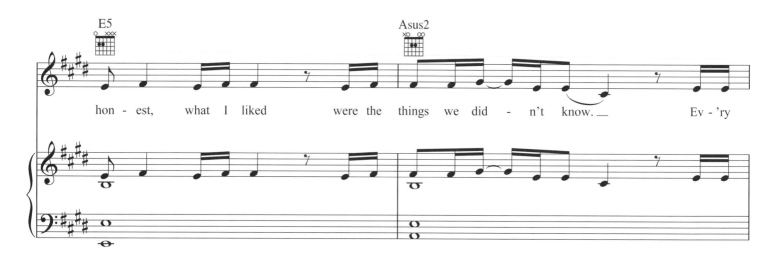

hon-est,   what I liked   were the things we did-n't know. ___   Ev-'ry

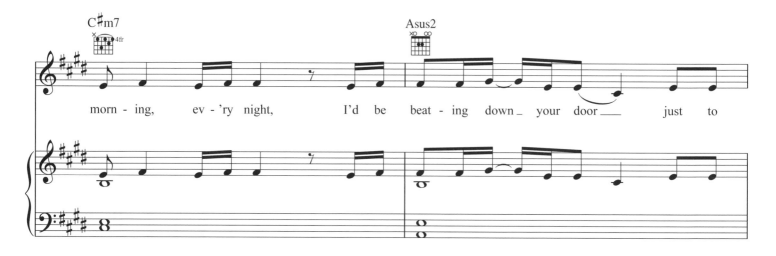

morn-ing,   ev-'ry night,   I'd be beat-ing down ___ your door ___ just to

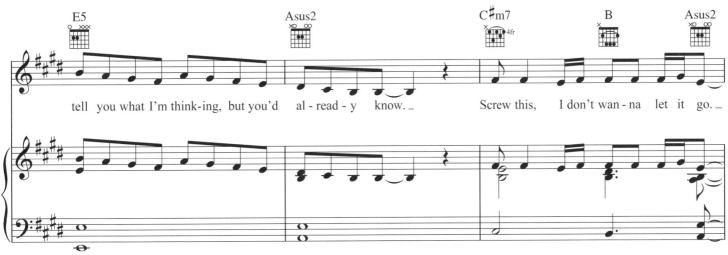

tell you what I'm think-ing, but you'd al-read-y know. ___ Screw this, I don't wan-na let it go. ___

N.C. **D.S. al Coda**

So can we pre-tend ___

CODA

Can we pre-tend? ___

'Cause hon-est-ly, ___ re-al-i-ty, ___ it bores ___ me. Let's pre-tend, ___

oh, ___ let's make be-lieve. ___ Can we? Can we pre-tend? ___

COURAGE

Words and Music by ALECIA MOORE,
GREG KURSTON and SIA FURLER

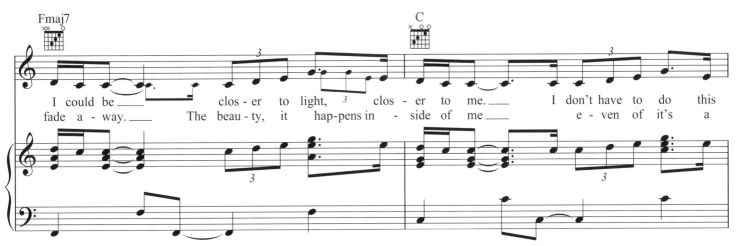

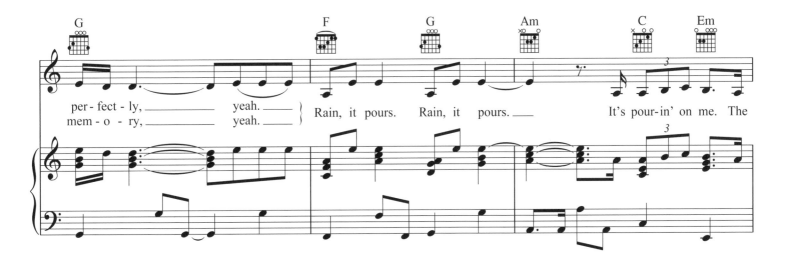

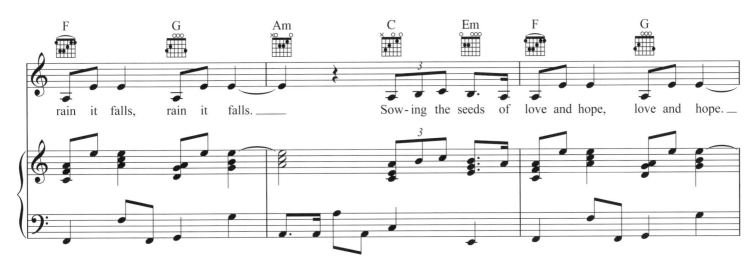

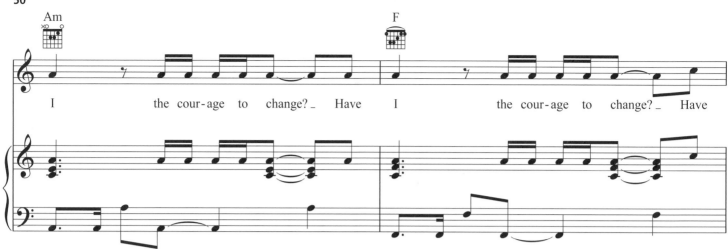

I the cour-age to change?_ Have I the cour-age to change?_ Have

I the cour-age to change _ to - day? _ Oh, _____ have

I the cour-age to change?_ Have I the cour-age to change?_ Have

I the cour-age to change _ to - day? ___ Oh, _____

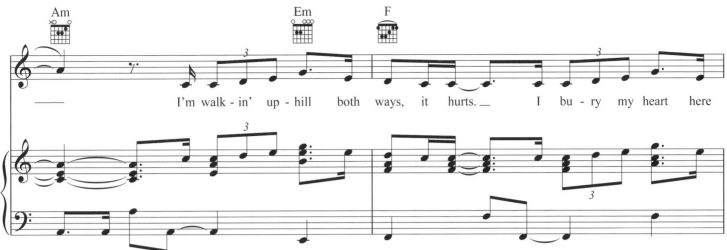

I'm walk-in' up-hill both ways, it hurts. __ I bu-ry my heart here

in this dirt. __ I hope it's a seed, I hope it works. __ Oh, _____

__ I need to grow here. I could be __ clos-er to light, clos-

er to me. __ I don't have to do this per-fect-ly, __ oh. _____

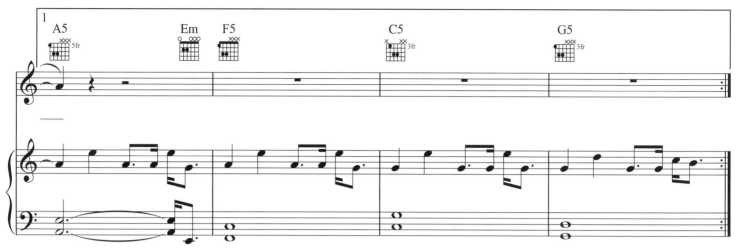

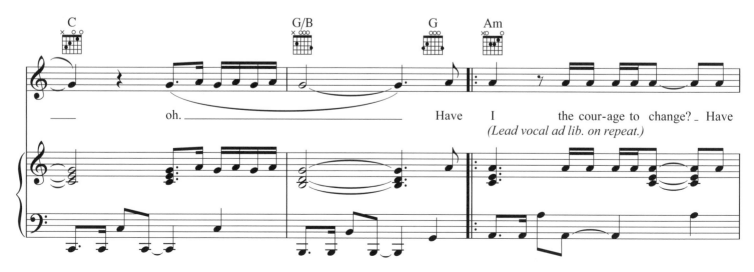

(Lead vocal ad lib. on repeat.)

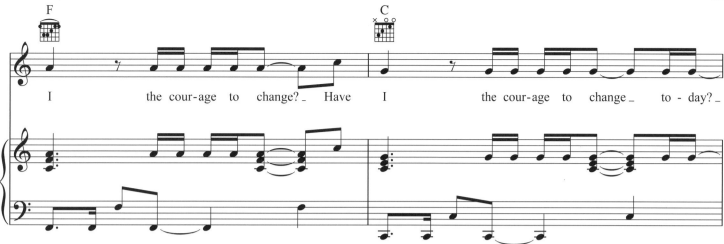

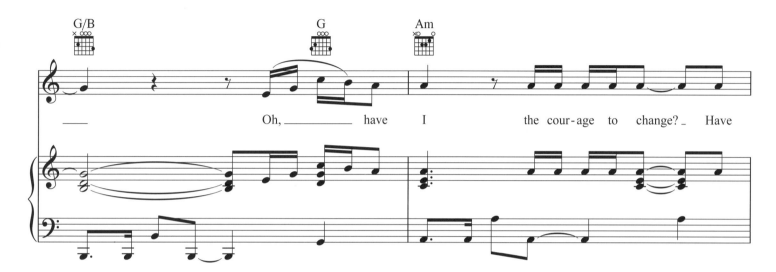

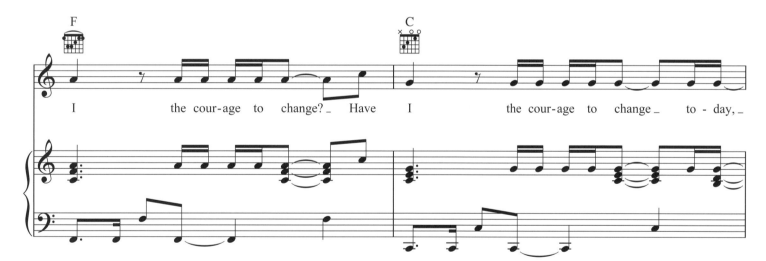

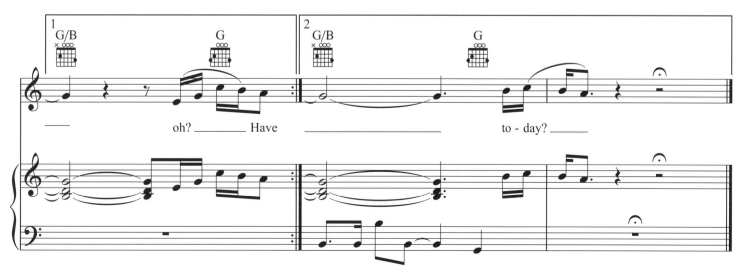

HAPPY

Words and Music by ALECIA MOORE,
TEDDY GEIGER, SASHA SLOAN
and STEPH JONES

Moderate and steady

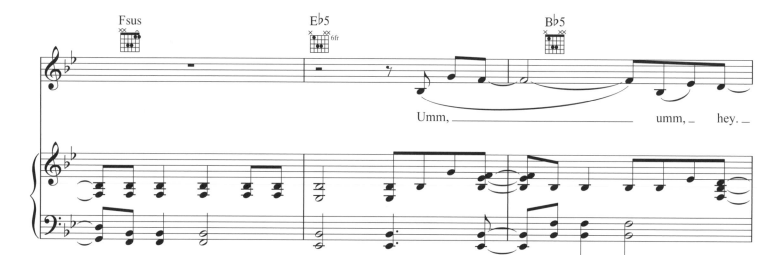

* Recorded a half step higher.

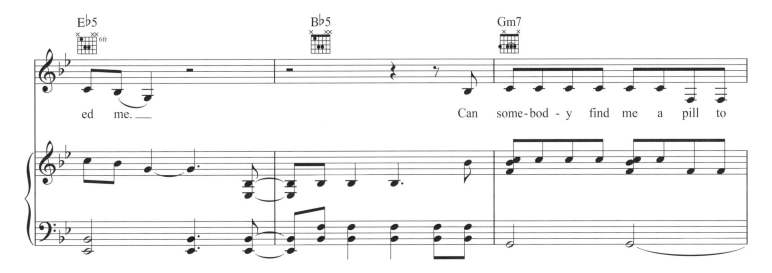

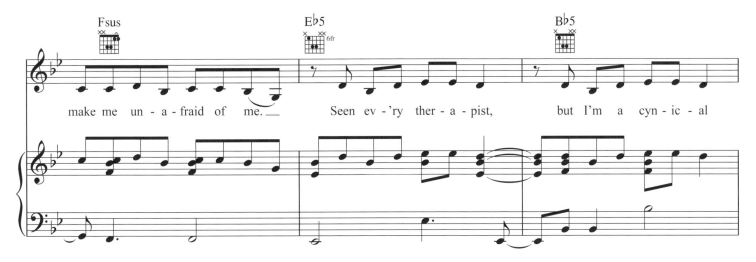

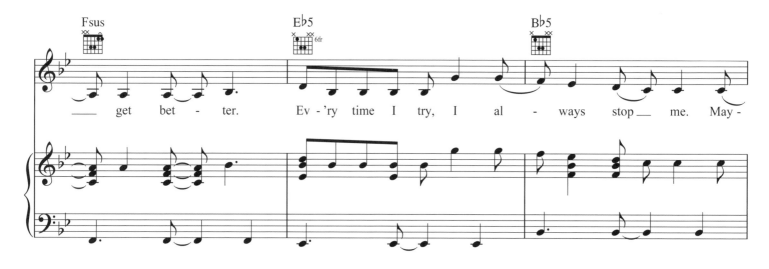

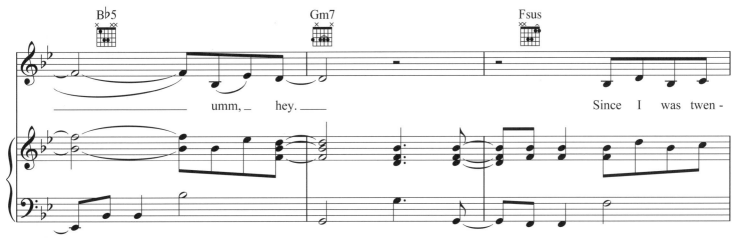

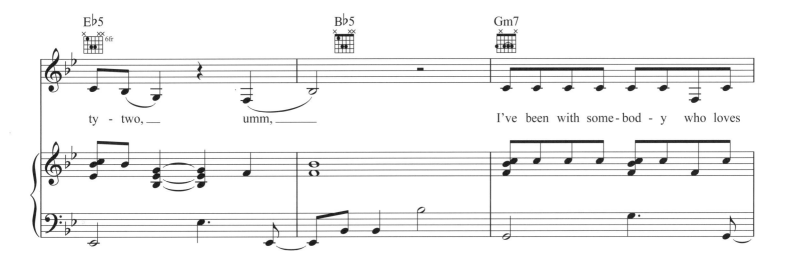

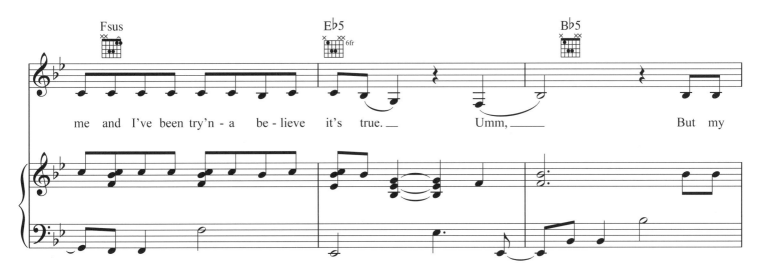

Seen ev-'ry ther-a-pist but I'm a cyn-ic-al bitch. Don't like to

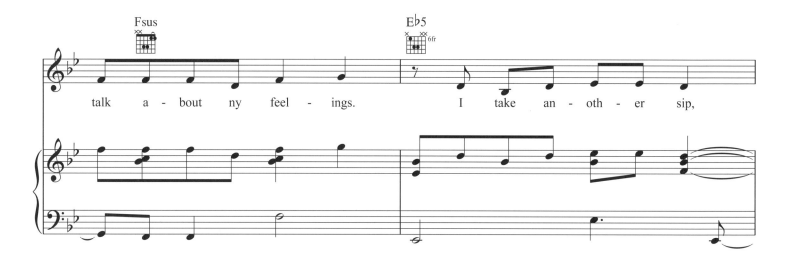

talk a-bout ny feel-ings. I take an-oth-er sip,

I swear it's my last fix. 'Cause it's eas-i-er than heal-in'. 'Cause

I don't wan-na be this way ___ for-ev-er, keep ___ tell-in' my-self that I'll ___

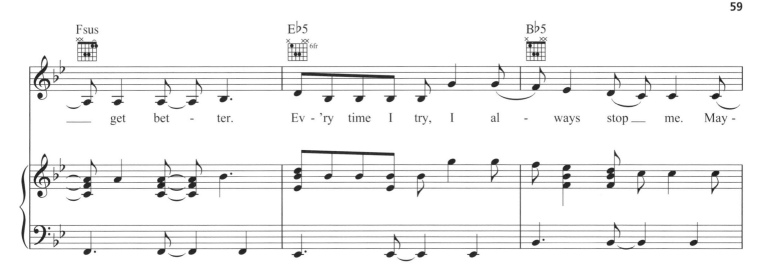

get bet - ter. Ev - 'ry time I try, I al - ways stop ___ me. May -

- be I'm just ___ scared ___ to be hap - py? I don't wan - na be this way ___

___ for - ev - er, keep ___ tell - in' my-self that I'll ___ get bet - ter.

Ev - 'ry time I try, I al - ways stop ___ me. May -

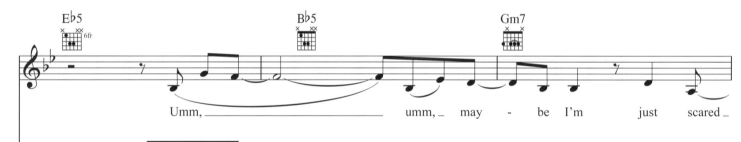

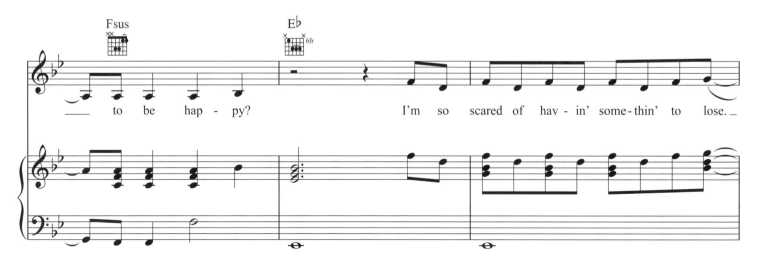

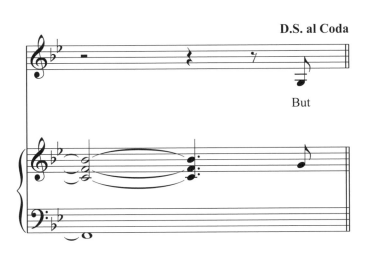

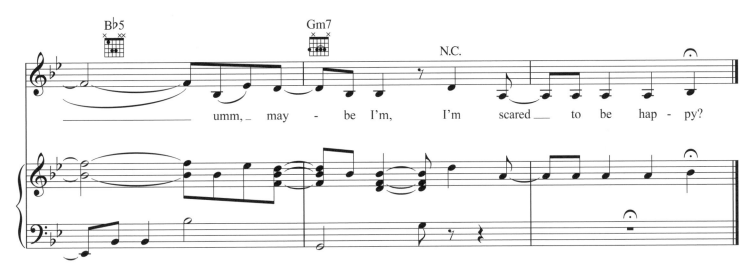

WE COULD HAVE IT ALL

Words and Music by ALECIA MOORE,
GREG KURSTIN and BECK HANSEN

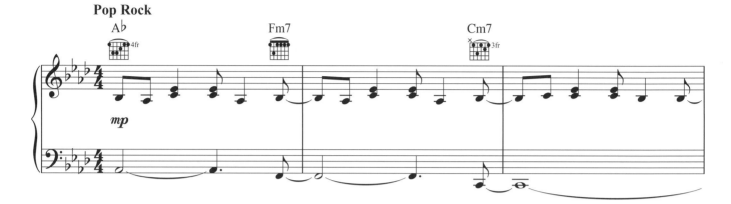

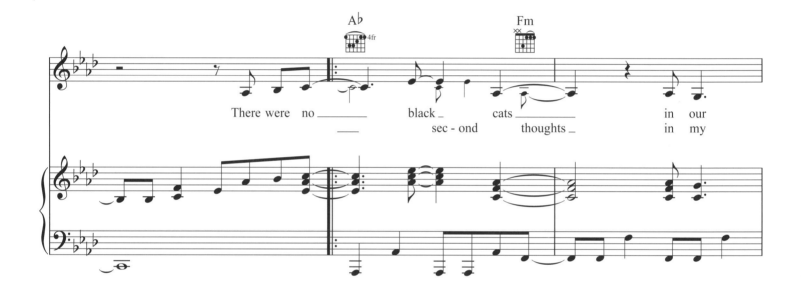

There were no _____ black _ cats _____ in our
_____ sec - ond thoughts _ in my

past.   I've been tied, _____ step-ping cracks _
head.   There were no _____ mon-sters un -

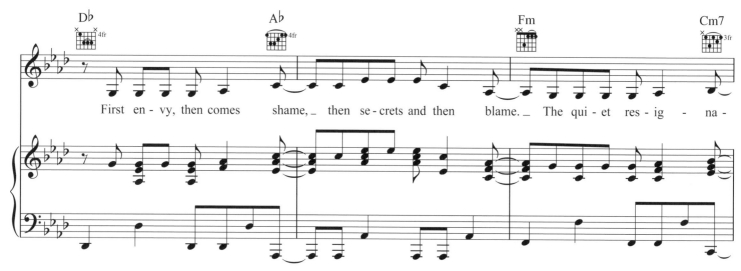

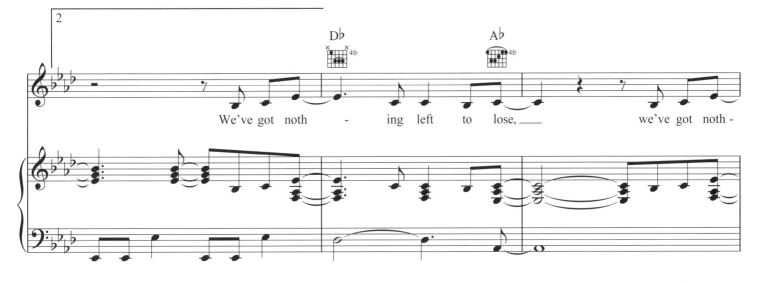

We've got noth - ing left to lose, ____ we've got noth -

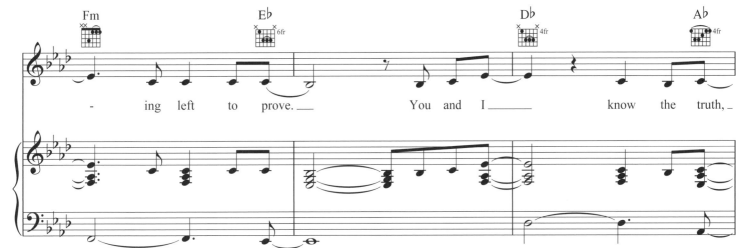

- ing left to prove. ____ You and I ____ know the truth, ____

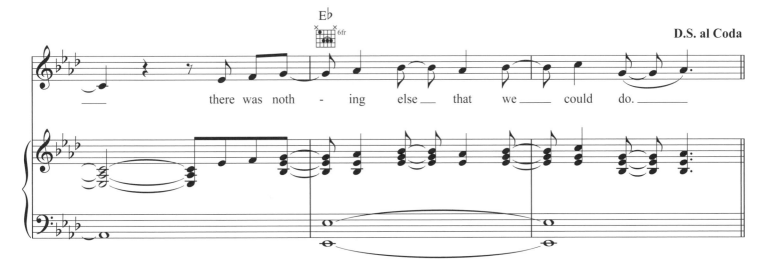

D.S. al Coda

____ there was noth - ing else ____ that we ____ could do. ____

CODA

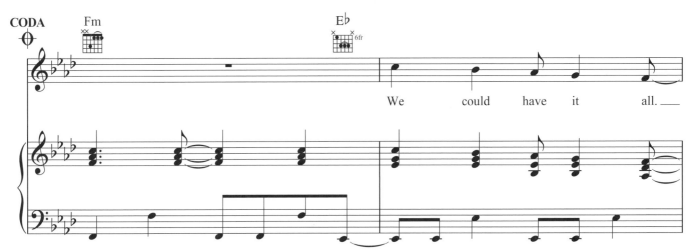

We could have it all. ____

We could have ___ it all.

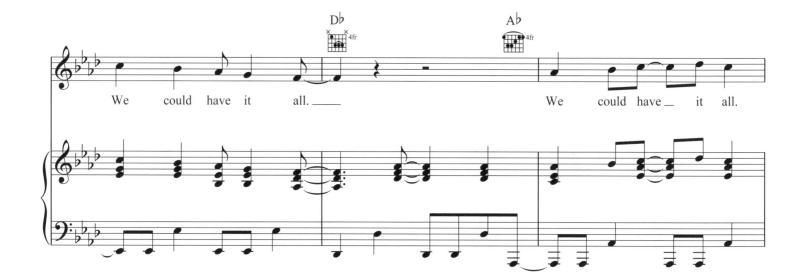

We could have it all. ___ We could have ___ it all.

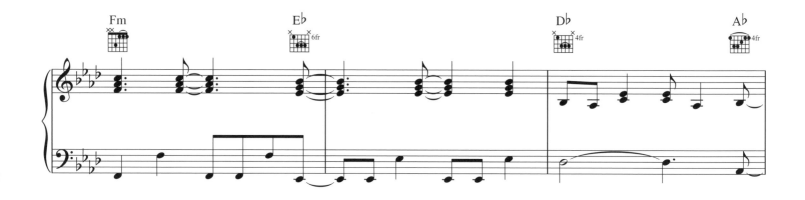

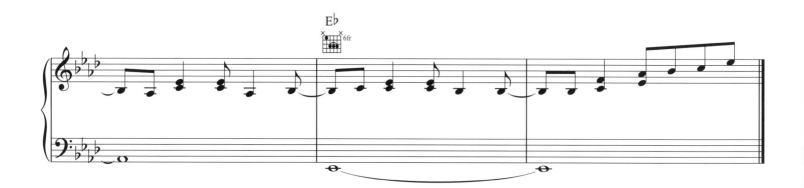

CIRCLE GAME

Words and Music by ALECIA MOORE
and GREG KURSTIN

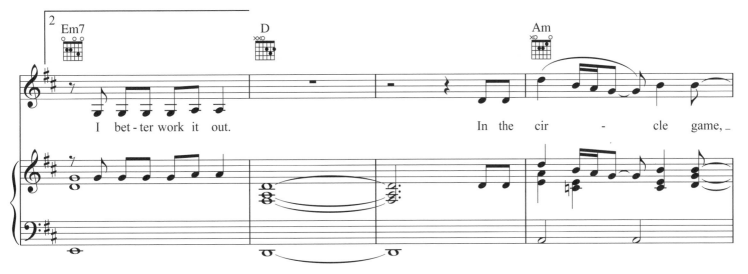

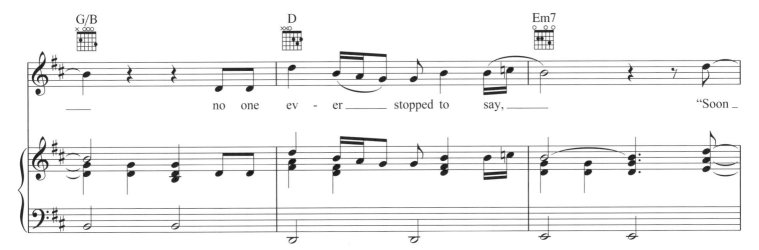

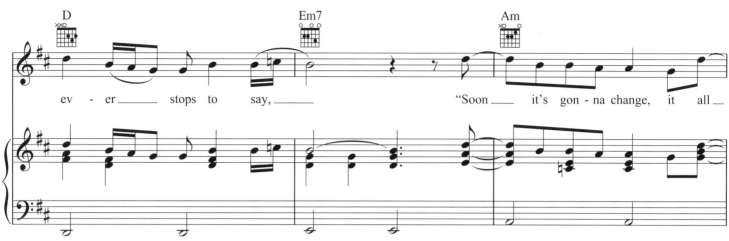

ev - er _____ stops to say, _____ "Soon _____ it's gon - na change, it all _____

_____ just goes a - way. Count _____ your luck - y stars that you had a chance to play in the

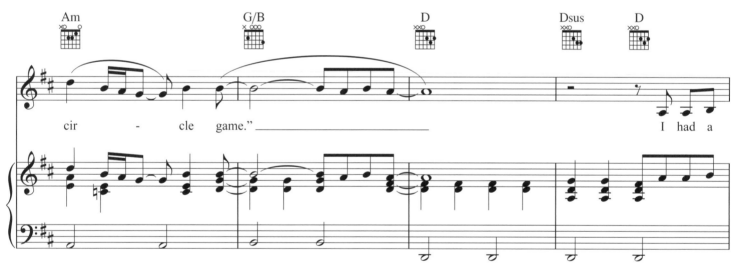

cir - cle game." _____ I had a

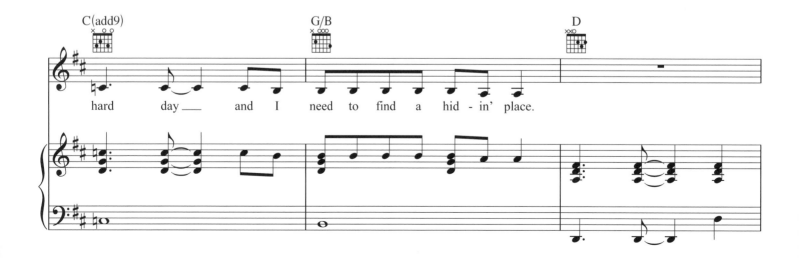

hard day _____ and I need to find a hid - in' place.

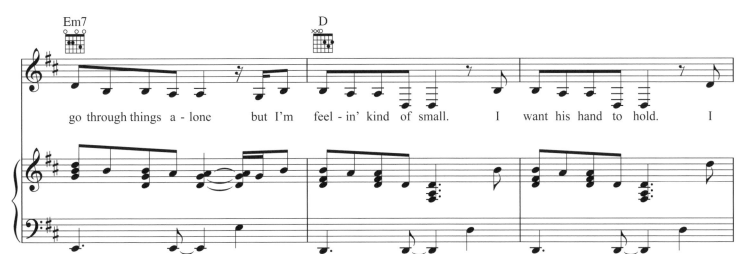

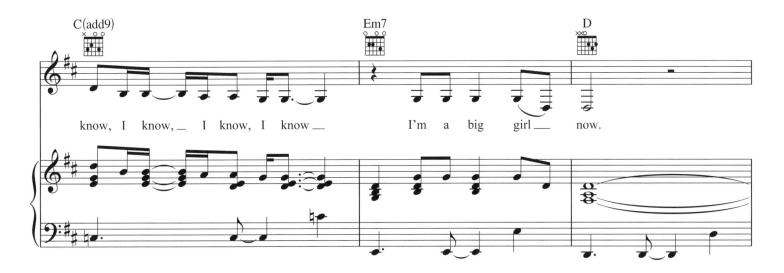

Yeah, I know, I know, __ I know, I know __ we all just work it out. __

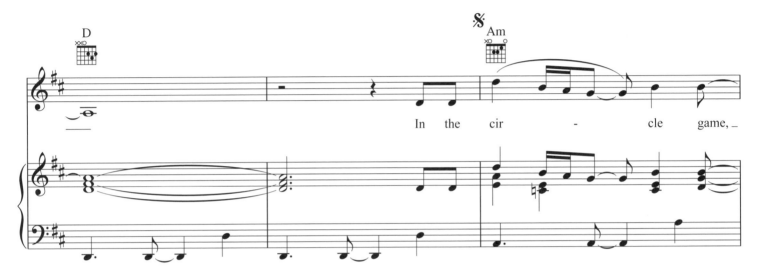

In the cir - cle game, __ no one ev - er __ stopped to say, __ "Soon __

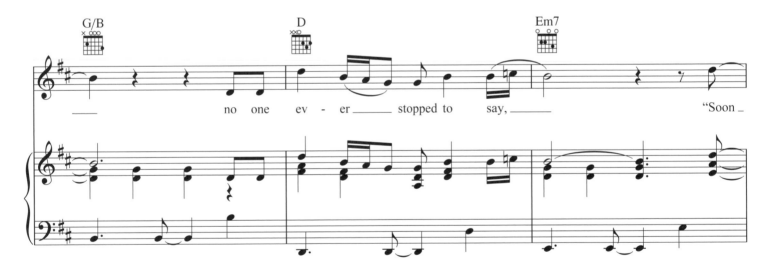

it's gon - na change, it all __ just goes a - way. Count __ your luck - y stars that you

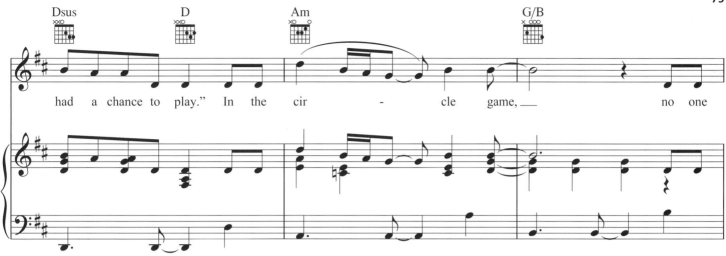

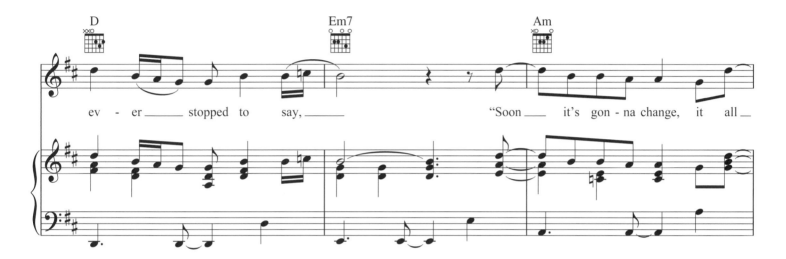

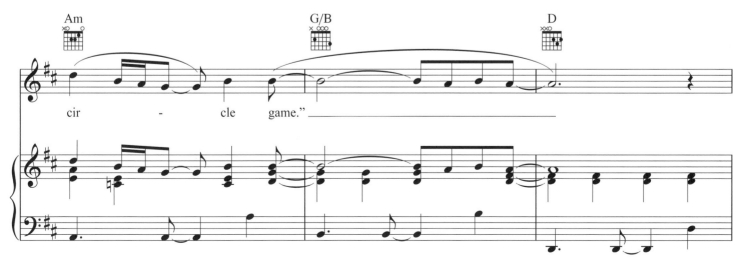

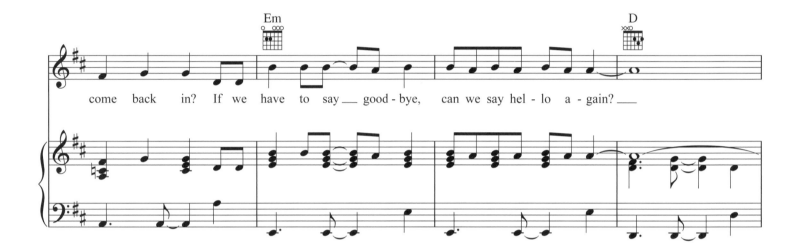

D.S. al Coda

be - fore I work it out? _____ In the

CODA

cir - cle game. _____

(Lead vocal ad lib. on repeats.)

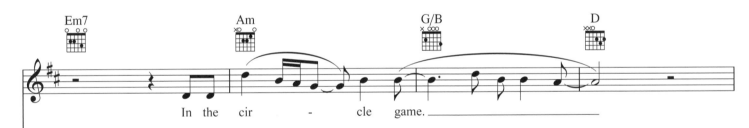

In the cir - cle game. _____

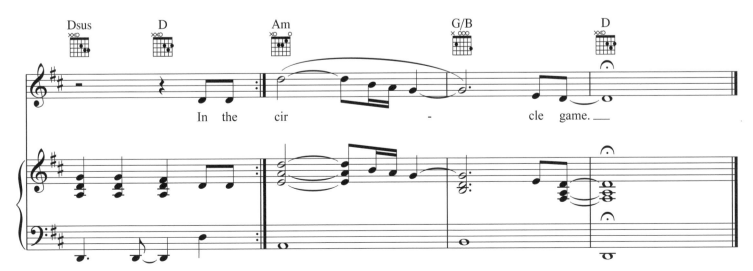

In the cir - cle game. ___

LOVE ME ANYWAY

Words and Music by ALECIA MOORE,
TOM DOUGLAS and ALLEN SHAMBLIN

Piano Ballad

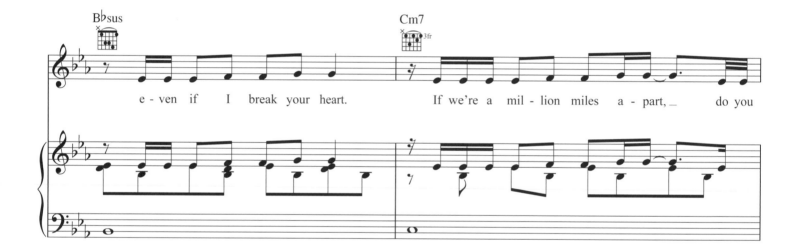

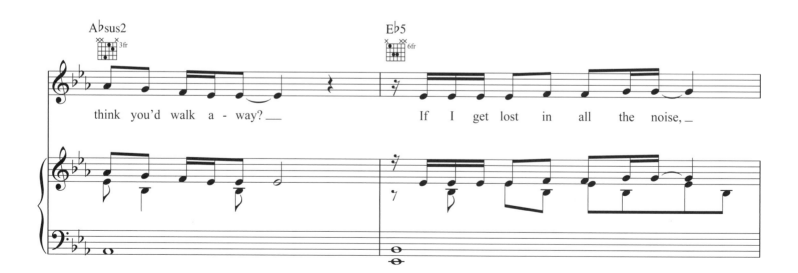

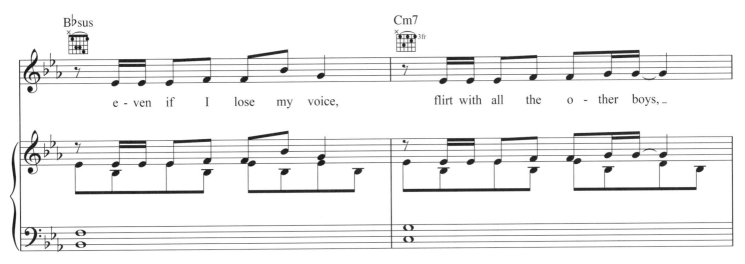

e - ven if I lose my voice, flirt with all the o - ther boys, _

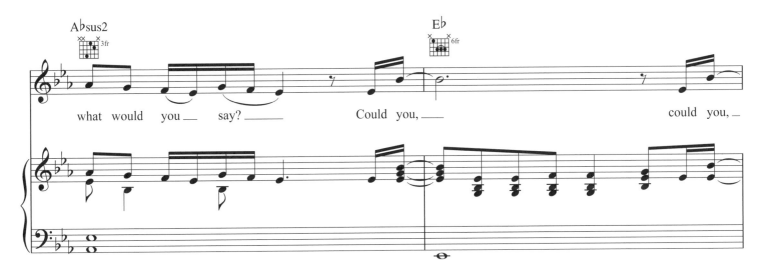

what would you __ say? _____ Could you, ___ could you, _

___ could you _____

love me an - y - way? _

THE LAST SONG OF YOUR LIFE

Words and Music by ALECIA MOORE
and BILLY MANN

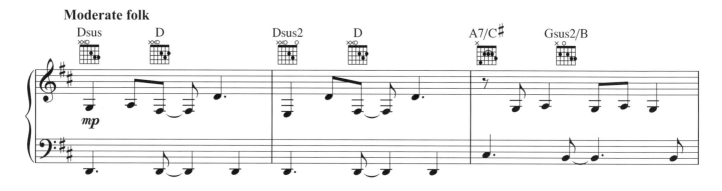

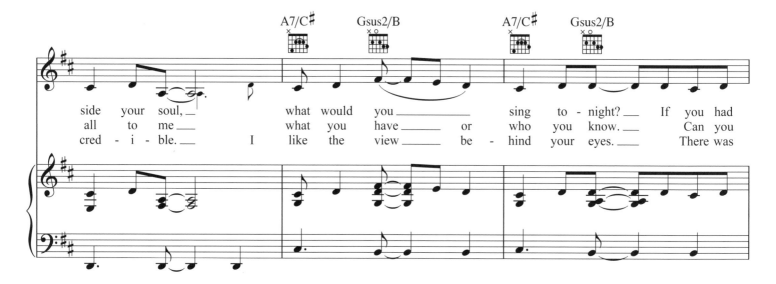

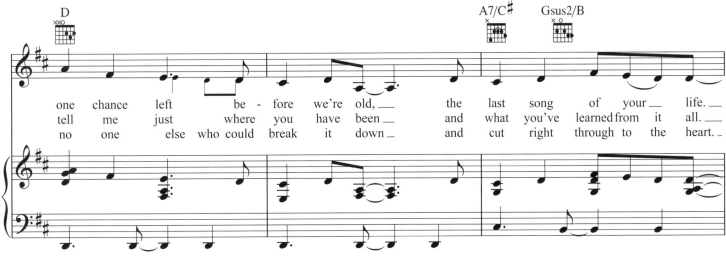

one chance left be - fore we're old, ___ the last song of your ___ life. ___
tell me just where you have been ___ and what you've learned from it all. ___
no one else who could break it down ___ and cut right through to the heart. ___

___ What is it you wait for? ___ Tell me who you ___
___ Tell me what you dance for, ___ how you've been a ___
___ I just wan - na lie ___ un - der - neath this ___

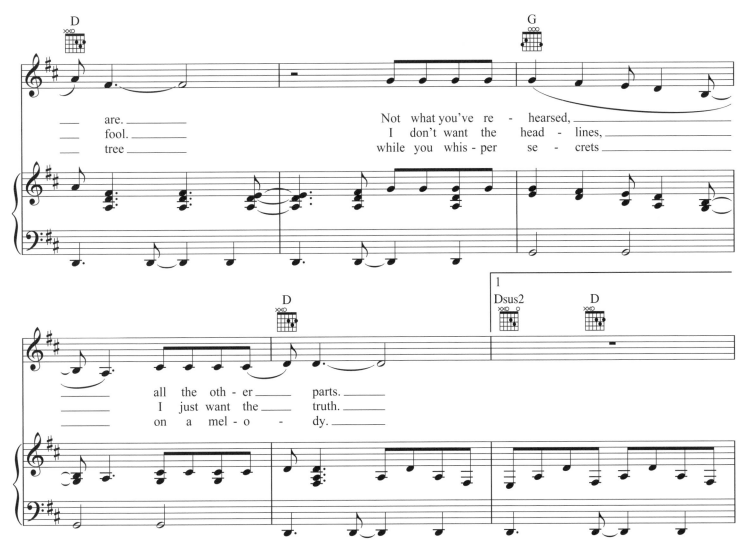

___ are. ___ Not what you've re - hearsed, ___
___ fool. ___ I don't want the head - lines, ___
___ tree ___ while you whis - per se - crets ___

___ all the oth - er ___ parts. ___
___ I just want the ___ truth. ___
___ on a mel - o - dy. ___

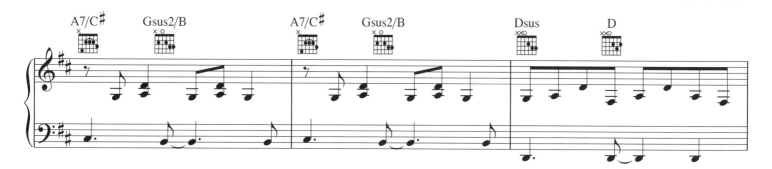

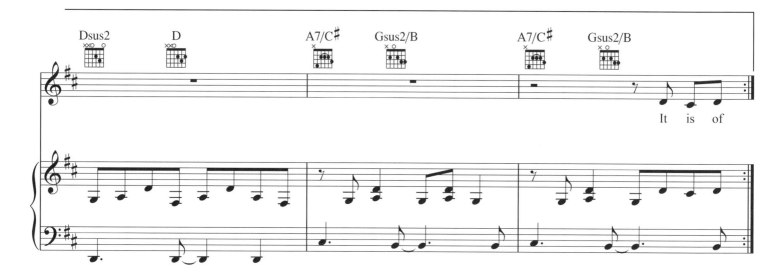

It is of

It would be so _____ good _

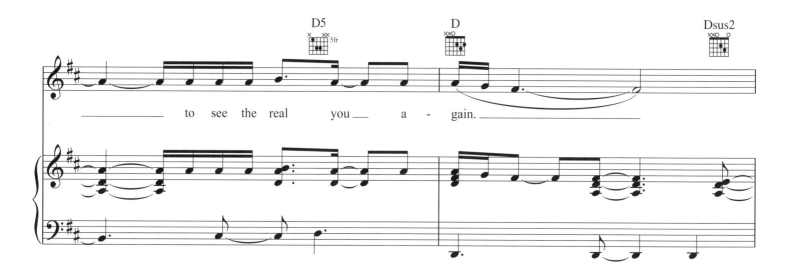

_____ to see the real you _ a - gain. _____

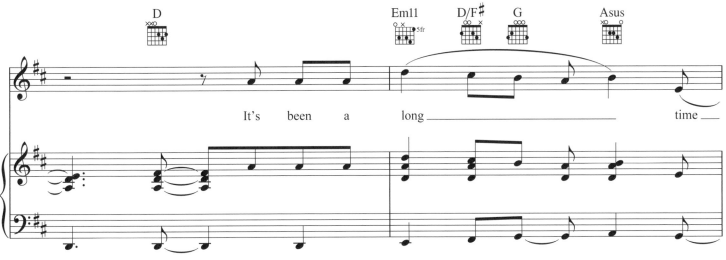

It's been a long _____ time ___

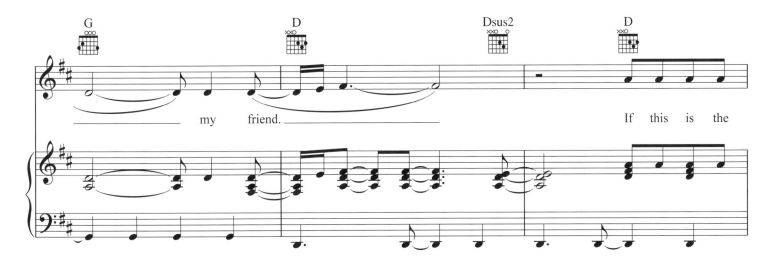

_____ my friend. _____ If this is the

last _____ song ___ of your ___ life, _____

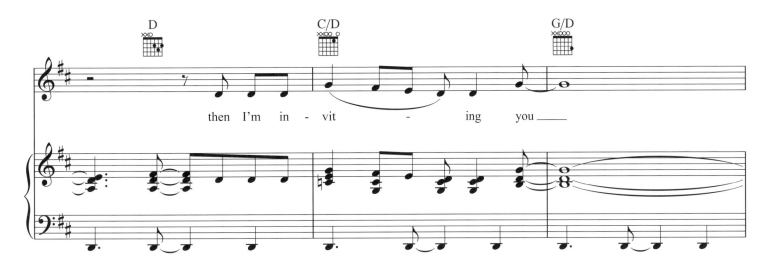

then I'm in - vit - ing you ___

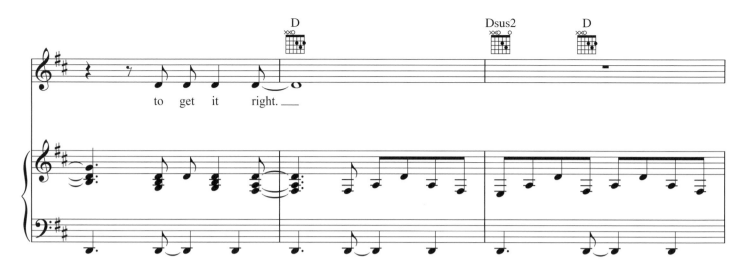

to get it right. ___

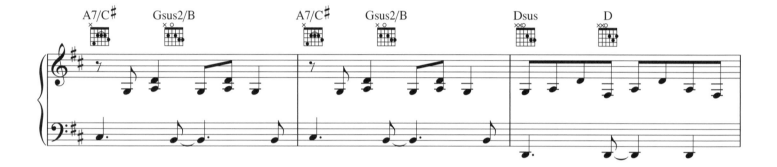

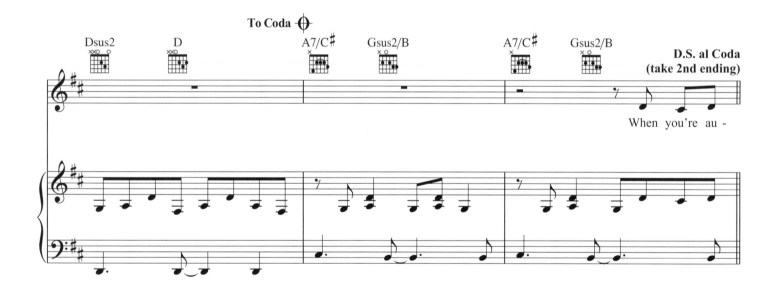

When you're au -

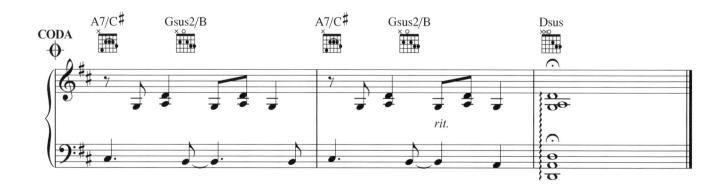